[Nº. 5.]

PRÉCIS

DE

DIVERS ÉTABLISSEMENS

D'UTILITÉ PUBLIQUE,

FORMÉS EN BAVIERE;

TRADUIT DE L'ALLEMAND

DE BENJ. THOMSON, COMTE DE RUMFORT.

Publié par ordre du Ministre de l'Intérieur.

A PARIS,

De l'imprimerie du cit. H. AGASSE, rue
des Poitevins, nº. 13.

AN VII DE LA RÉPUBLIQUE.

PRÉCIS

DE

DIVERS ÉTABLISSEMENS

D'UTILITÉ PUBLIQUE,

FORMÉS EN BAVIERE.

Nº. Iᵉʳ.

Académie militaire de Munich (1).

L'ACADÉMIE militaire de Munich a surtout pour objet de favoriser l'essor des talens extraordinaires qui se manifestent de tems en tems parmi les enfans de la classe indigente, et de les utiliser pour le service de l'Etat. Elle est composée de cent qnatre - vingt éleves, et partagée en trois

---

(1) Quoique les mémoires suivans ne soient pas relatifs aux établissemens d'humanité, comme ils tendent au perfectionnement de plusieurs branches d'administration, on les verra, sans doute, avec plaisir, réunis aux autres ouvrages de Rumfort.

A 2

classes. La premiere , destinée à l'instruction des orphelins et des enfans de pauvres militaires ou employés civils , comprend trente éleves, qui sont admis gratuitement depuis onze ans jusqu'à treize, et qui passent quatre ans à l'académie. La seconde classe , destinée à donner une bonne éducation aux enfans des marchands, bourgeois et fonctionnaires subalternes les moins à leur aise , est formée de soixante éleves , qui sont admis depuis onze ans jusqu'à quinze , et paient à l'académie 12 florins par mois , moyennant laquelle somme , ils sont nourris , vêtus et instruits. La troisieme classe renferme quatre-vingt-dix éleves de quinze à vingt ans, qui sont tous admis gratuitement. Elle est principalement destinée à des jeunes gens des portions du peuple les plus pauvres , qui annoncent un génie et dés talens extraordinaires, et qui y joignent une constitution saine et un bon caractere moral.

Il est enjoint à tous les commandans des régimens, aux magistrats et aux fonctionnaires civils, de proposer des sujets capables d'entrer dans cette derniere classe. Leur choix n'est point limité à une certaine profession ou à un certain rang ; ils peuvent recommander les enfans des familles les plus pauvres, et même les plus avilies dans l'opinion. Ceux des soldats , des artisans et des simples ouvriers sont admis sans distinction , pourvu qu'ils

possedent les qualités requises. Au contraire , si un
enfant quelconque est dénué de ces qualités , non-
seulement l'admission lui est refusée , mais celui
qui l'a recommandé reçoit une sévere réprimande.

La plus grande rigueur est nécessaire à cet égard ;
en effet , l'on ne pourrait sans cela empêcher les
abus. Un établissement destiné à éveiller le génie ,
à mettre en évidence des talens qui autrement
seraient demeurés ensevelis dans l'obscurité , ne
servirait bientôt qu'à élever commodément les
parens et les protégés des hommes en place.

La modicité des dépenses qu'exige l'entretien
de cet établissement , est une particularité digne
de remarque. Il résulte du relevé des frais de quatre
années , que les cent quatre-vingt éleves , avec les
professeurs , les maîtres de tout genre et les domes-
tiques , ne coûtent pas au-delà de 28,000 florins ,
pour la table , l'habillement , l'ameublement , le
bois , la lumiere , et autres articles , le loyer seul
de la maison excepté , ce qui ne donne pas plus
de 155 florins pour chaque éleve ; somme en effet
bien modique , si l'on a égard à la maniere dont
ils sont instruits et entretenus.

Quoique l'établissement porte le nom d'académie
militaire , il n'est point borné aux enfans qui sont
destinés pour l'armée. C'est bien plutôt une maison
générale d'éducation , où l'on enseigne aux jeunes

gens toutes les connaissances , tous les exercices corporels qui entrent dans une éducation libérale , et qui peuvent les mettre en état de se former pour les professions savantes , ou pour lesemplois civils ou militaires.

Comme le but principal de cet établissement est d'offrir un séminaire du génie, une école d'hommes véritablement précieux , qui joignent le caractère et l'énergie aux talens et aux connaissances , et qui puissent rendre à l'Etat des services essentiels , les premiers membres de tous les corps sont invités aux examens publics des éleves, pour être les témoins de leurs progrès , et pour pouvoir distinguer ceux qui annonçant des talens extraordinaires , se montrent par - là capables d'exercer avec honneur telle ou telle fonction.

Le tems apprendra jusqu'où peut s'étendre l'influence de cet établissement. Il n'a encore que six années d'existence ; mais , dans ce court intervalle , nous avons eu le bonheur d'y voir élever plusieurs jeunes gens nés avec les plus belles dispositions , quoique sortis des plus humbles classes de la société.

N°. II.

Idée d'un plan pour employer les soldats Bavarois aux réparations des chemins et des grandes routes.

J'AVAIS esquissé un plan, qui, s'il eût été mis à exécution, aurait accru de beaucoup l'utilité et l'importance des postes militaires, ou patrouilles de cavalerie, établis dans tout l'électorat (1). Je me proposais d'employer exclusivement les soldats à l'amélioration des chemins, et de lier cette opération à l'établissement de stations militaires perpétuelles, sur toutes les routes, pour le maintien de l'ordre et de la sûreté publique.

C'est un grand fardeau pour les habitans d'un pays quelconque, que d'être forcés d'abandonner leurs propres travaux et de travailler, aussi souvent qu'ils en sont requis, avec leurs gens et leur bétail, aux réparations des chemins. Mais cette corvée est surtout oppressive en Baviere, où les ouvriers sont si rares, que les cultivateurs sont souvent réduits,

---

(1) Voyez le premier mémoire, chapitre II.

A 4

faute de bras, à laisser en friche une grande portion de leurs terres.

Mon plan était de faire mesurer tous les chemins publics, depuis les principales villes de l'électorat, jusqu'aux frontieres, ainsi que tous les chemins de traverse de l'intérieur ; d'élever des pierres milliaires numérotées sur chaque grande route à la distance d'un demi-mille ; de partager chaque grande route en autant de stations qu'elle aurait compris de pierres milliaires, et de former au milieu de chaque station une petite maison avec un petit jardin et une écurie pour trois ou quatre chevaux. Dans chacune de ces maisons, auraient logé trois ou quatre cavaliers, un soldat en congé, chargé de surveiller la réparation des chemins dans les limites de sa station, et un invalide qui devait se charger du ménage, acheter les denrées, faire la cuisine pour lui et pour les autres, avoir soin du jardin, et, dans l'absence de ses compagnons, recevoir les ordres et les messages.

Lorsqu'un des soldats aurait été marié, sa femme aurait eu la permission de demeurer dans la maison, à condition d'aider l'invalide dans son service. On pouvait aussi prendre pour cet usage une veuve de soldat, pensionnée.

Afin de maintenir l'ordre et la discipline dans ces établissemens, je proposais de nommer des sous-officiers actifs et intelligens , inspecteurs des routes , et de les subordonner à des officiers supérieurs , qui auraient eu l'inspection de districts plus étendus.

Je me proposais aussi de planter dans tout le pays des arbres fruitiers d'une station à l'autre ; et l'on avait calculé qu'au bout de quelques années, le produit de ces arbres aurait amplement couvert tous les frais de la réparation des routes.

Un établissement de ce genre, conduit avec la régularité la plus frappante , aurait nécessairement intéressé tous les hommes sensibles qui l'auraient vu en activité , et je suis convaincu qu'il serait possible d'exécuter ce plan avec beaucoup d'avantage dans tous les pays où l'on entretient des armées en tems de paix. Les motifs qui empêcherent son exécution en Baviere , sont trop étendus et s'éloignent trop de mon sujet actuel , pour que je les rapporte ici. Un tems viendra peut-être où tous ces obstacles n'auront plus lieu.

N°. I I I.

Sur les moyens d'extirper l'usure à Munich.

OUTRE les deux établissemens ci-dessus mentionnés, je commençai encore une entreprise qui, à la vérité, n'était pas d'une aussi grande latitude, mais qui opéra beaucoup de bien, et au moyen de laquelle on employa très-utilement une partie des sommes qui demeuraient oisives dans la caisse militaire, au soulagement d'une multitude d'employés subalternes qui avaient le plus grand besoin de secours.

On avait introduit depuis long-tems dans toutes les administrations de Baviere un usage aussi préjudiciable au service public qu'à l'intérêt des individus. On y plaçait une infinité de conseillers, de secrétaires, de copistes surnuméraires, qui servaient sans appointemens ou avec un traitement modique. Ces gens étaient obligés de s'endetter beaucoup, afin de pouvoir vivre jusqu'à l'époque où ils étaient admis à l'intégrité de leurs appointemens ; et comme plusieurs d'entr'eux ne pouvaient donner d'autre sûreté pour les sommes qu'ils empruntaient, que la promesse de payer lorsqu'ils recevraient, ils ne trouvaient point à emprunter à l'intérêt légal. Ils étaient forcés d'avoir recours aux juifs et à d'autres usuriers, qui ne leur faisaient ces avances que sous les conditions les plus vexatoires et les plus désavantageuses. Il en résultait que ces infortunés, au lieu de trouver leur sort amélioré, lorsqu'ils touchaient la totalité de leur traitement, étaient souvent dans un tel embarras, qu'ils étaient forcés de se faire avancer plusieurs mois de leurs appointemens, dans la seule vue de satisfaire aux demandes de leurs inexorables créanciers. A raison de cette circonstance et de la prodigalité dominante dans toutes les classes de la société, l'usage d'avancer les traitemens était devenu si général, et les conditions que l'on y mettait, si oppressives, que cet abus épouvantable appellait l'attention la plus sérieuse du gouvernement.

Les intérêts de ces sortes de prêts étaient de 5 pour 100 par mois, ou de 3 creutzers pour un florin, et l'on avait des exemples que des intérêts plus forts avaient été exigés.

On avait porté les lois les plus sévères contre cet abus ; mais on trouvait toujours moyen de les éluder, et souvent elles augmentaient le mal, au lieu de le guérir.

Cet axiôme, fruit de l'expérience, qui dit qu'un marchand peut ruiner ses confreres de fond en comble, en vendant à meilleur marché qu'eux, me fit penser que l'on pourrait de même ruiner les usuriers, en prêtant à un intérêt plus modéré. Pour essai, on établit près de la caisse de guerre une caisse d'avances de 30,000 florins, où tous les agens civils ou militaires de l'Etat, lorsqu'ils se présentaient en personne, touchaient d'avance le traitement d'un mois ou deux, pour lequel on leur prenait 5 pour 100 par an, c'est-à-dire, le douzieme de ce que les juifs et autres usuriers leur extorquaient en pareil cas.

Le grand nombre des individus qui profiterent des avantages que leur assurait cette mesure, et qui en profiteront à l'avenir, prouve suffisamment avec quelle efficacité elle a détruit l'abus qu'il s'agissait d'extirper.

Le nombre des personnes qui s'adressent chaque mois à cette caisse, est de trois ou quatre cents, et les sommes avancées s'élevent à plus de 20,000 florins.

Comme elle ne prête de l'argent que sur des ordonnances de traitemens ou de pensions, il n'y a point de perte à craindre, d'autant plus que les intérêts des sommes prêtées, couvrent et au-delà les frais de l'établissement.

(13)

N°. I V.

Améliorations introduites en Baviere et dans le Palatinat , relativement à l'éducation des chevaux et des bêtes à cornes.

PLUSIEURS des contrées soumises à l'électeur de Baviere ont tout ce qui est nécessaire pour élever des chevaux d'une belle qualité ; et ces avantages ont été mis à profit jusqu'à un certain point , puisqu'on a élevé beaucoup de chevaux , et que seulement en Baviere , leur nombre est de cent soixante mille ; cependant depuis plusieurs années , on s'est médiocrement occupé de l'amélioration de la race ; et presque tous les chevaux d'une beauté peu commune , dont on se sert pour l'équitation ou pour les carosses, sont amenés de Meklenbourg et du Holstein.

Comme j'étais chargé de rédiger le plan d'une nouvelle organisation militaire , je crus qu'afin de m'assurer de bons chevaux pour l'armée et surtout pour l'artillerie , il était nécessaire de mettre en activité des mesures propres à améliorer dans

tout le pays l'éducation des chevaux. Mes ouver-
tures à ce sujet eurent l'approbation de l'électeur,
et furent exécutées comme il suit.

Une somme tirée de la caisse militaire servit
à acheter un certain nombre de belles jumens,
auxquelles on imprima sur la hanche gauche la
lettre M (initiale de *militaria*) ; on les distribua
aux paysans qui témoignaient le desir d'en avoir,
et dont les fermes étaient avantageusement situées
pour l'éducation des chevaux. Voici à quelles conditions ces jumens s'obtiennent.

Les jumens sont données gratuitement, et le
paysan qui en reçoit une, peut la considérer
comme sa propriété, et s'en servir pour ses travaux ; cependant il ne peut ni la vendre ni la
donner. Il est également tenu de la regarder
comme une jument pouliniere, et de la faire
couvrir tous les ans par un étalon, que lui en-
voient les commissaires, chargés de la surveillance
de cet établissement. Si la jument vient à mourir,
il doit la remplacer par une autre, qui est déclarée
valable par les commissaires, et ensuite marquée.
Si une de ces jumens ne donne pas une bonne
portée, ou si elle a des défauts quelconques, on
lui en substitue une autre.

Les poulains de ces jumens, soumis à l'inspection des commissaires , sont donnés gratuitement. Les poulains sont la propriété de ceux qui ont les jumens , et ils peuvent les vendre , et en disposer à leur fantaisie , comme des poulains de leurs autres jumens.

Au cas où l'armée entre en campagne , mais dans ce seul cas , les propriétaires des jumens sont tenus de les rendre , ou de livrer un autre cheval pour le service de l'artillerie.

Les avantages de cet arrangement pour l'armée sont de nature à frapper tous les esprits. En effet , il procure toujours des chevaux au besoin , et comme ces chevaux ont été achetés en tems de paix , ils coûtent moins que si on en faisait l'acquisition à la hâte , au moment d'entrer en campagne , époque où ils sont toujours très-chers, et où quelquefois même on ne peut s'en procurer pour de l'argent.

On m'objectera peut-être que l'on doit faire entrer en ligne de compte la perte des intérêts du capital employé à l'achat des chevaux , avant que l'on s'en serve. Mais comme il doit toujours y avoir des sommes considérables en réserve dans la caisse militaire , afin que l'on puisse au besoin faire tout-à-coup changer de place à l'armée , et comme alors , il faut employer une partie de cet argent à acheter des chevaux , il est indifférent qu'il soit employé auparavant à cet usage , ou qu'il demeure oisif dans la caisse , jusqu'à ce que l'on ait besoin de chevaux ; ainsi cette objection est dénuée de fondement.

Je voudrais pouvoir dire que ces mesures ont pleinement réussi ; je suis forcé d'avouer que mes espérances n'ont pas été remplies. On commença par n'acheter et ne distribuer que six cents jumens ; mais je me flattais de voir bientôt ce nombre s'élever à quelques milliers. Je comptais même pouvoir, de cette maniere, avoir continuellement, sans beaucomp de frais, chez les paysans, un nombre suffisant de chevaux pour toute l'armée, tant pour la cavalerie que pour l'artillerie et le bagage , et j'avais déjà projetté de faire rassembler tous les ans et d'exercer les chevaux destinés au service de la cavalerie , et d'envoyer ensuite en congé les cavaliers avec leurs chevaux. En un mot, mes vues tendaient à former un établissement très-économique, et semblable, jusqu'à un certain point, à l'ancien système féodal. Mais la résistance opiniâtre des paysans empêcha l'exécution de ce projet. On ne put persuader qu'à un très-petit nombre d'entr'eux de recevoir des jumens poulinieres, et plus les conditions auxquelles on

les

les leur offrait , réunissaient d'avantages , plus leur méfiance augmenta, et il fut impossible de leur persuader qu'il n'y avait pas quelque piége caché sous cette mesure.

Certaines gens , par des motifs aisés à deviner, se donnaient alors toute la peine imaginable pour faire échouer les entreprises d'utilité publique, auxquelles je coopérais. Il se peut que leurs insi- nuations augmentassent la méfiance des paysans. Quoi qu'il en soit , il est de fait que je ne pûs réussir à la dissiper, et je trouvai tant de diffi- cultés dans l'exécution de ce plan , que je résolus enfin de l'abandonner, ou au moins de le remettre à des tems plus favorables. Environ deux ou trois cents jumens avaient été réparties dans divers cantons, et avaient produit de très-beaux poulains dans l'espace des six années que comptait l'éta- blissement ; mais la lenteur de ces progrès ne con- tentait point mon zele pour les améliorations; et si l'on ne trouve moyen d'accélérer ces progrès, la Baviere , malgré sa situation avantageuse pour l'éducation des chevaux , continuera encore long- tems d'en faire venir des pays étrangers.

Mes tentatives pour améliorer l'éducation des bêtes à cornes , eurent , proportion gardée , un beaucoup meilleur succès, quoiqu'elles fussent in-

finiment plus circonscrites. J'eus occasion d'établir
une métairie aussi belle que productive , dans la
formation du jardin public de Munich , dont l'en-
ceinte est de plus de six milles anglais , et dont
le sol est excellent. Cette métairie fut garnie de
trente des plus belles vaches que l'on put tirer
de la Suisse , du Tyrol , de Flandres et d'autres
contrées du continent , principalement renommées
pour la bonne éducation du bétail. Ce troupeau
fut augmenté chaque année par un nouveau sup-
plément de vaches et de taureaux. Les veaux qu'
en provenaient étaient vendus dans le pays à condition de les élever , à un prix aussi bas que les
veaux ordinaires sont vendus aux bouchers.

Quoique cet établissement ne dure que depuis
dix ans , il n'en a pas moins opéré dans tout le pays
un changement étonnant. Comme Munich , en
sa qualité de ville capitale et de résidence du
prince , attire dans son sein une affluence consi-
dérable , de toutes les parties de la contrée , le
jardin anglais qui s'étend à environ un demi-mille
d'Allemagne hors des murs de la ville , et qui est
toujours ouvert , est très-fréquenté , et personne ne
néglige de faire une visite aux vaches étrangeres ,
qui ne s'éloignent jamais de la métairie. Leurs
étables qui sont cachées dans un taillis épais der-

riere le café , au milieu du jardin , sont élégam-
ment construites et entretenues avec soin. Et les
vaches qui non-seulement sont grandes et très-
belles , mais aussi tenues le mieux possible et avec
beaucoup de propreté , sont l'objet de la curiosité
générale. Les personnes que l'amélioration du bétail
n'intéresse pas particuliérement , les observent
comme des animaux superbes et extraordinaires ;
mais les cultivateurs et les connaisseurs les exa-
minent curieusement , et les comparent , soit les
unes avec les autres , soit avec le bétail ordinaire
du pays. Ils prennent des informations sur la
maniere dont on les nourrit. Cette faible étincelle
a excité l'émulation dans toute la Baviere , au
point que je ne doute pas de voir en peu d'années un changement absolu dans l'éducation du
bétail.

Non contens du faible accroissement qui résultait de la métairie du jardin anglais, plusieurs
propriétaires nobles , et quelques-uns des cultivateurs les plus riches et les plus entreprenans ,
firent venir des vaches et des taureaux de la Suisse
et d'autres contrées fameuses pour la beauté de
leur bétail ; et les bons effets de cette mesure sont
déjà visibles dans plusieurs districts.

Avec quelle facilité ne réussirait-on pas , à

l'aide des mêmes moyens, à étendre l'esprit d'amélioration ! Dans les lieux où le prince n'entretient point de jardin public pour la réunion des habitans, des particuliers ne pourraient-ils pas entreprendre quelque chose de semblable par des souscriptions, ou du moins se réunir pour affermer une grande métairie aux environs de la capitale, dans la seule vue de tenter des essais utiles ? Si cette métairie était bien administrée, son produit serait plus que suffisant pour couvrir les dépenses. Si l'on avait soin de faire dans le jardin et dans les champs des dispositions où le goût fût d'accord avec l'utilité, et de percer des chemins praticables pour les voyageurs et les voituriers ; si l'on bâtissait de belles étables et qu'on les remplît de beau bétail ; si l'on établissait dans le voisinage de la ferme une bonne hôtellerie, où ceux qui la visiteraient pussent trouver des rafraîchissemens et un gîte commode, elle deviendrait bientôt un lieu d'amusement public, et les améliorations économiques seraient un plaisir à la mode. Les dames même se plairaient à observer de leurs carosses les intéressans tableaux de l'industrie rurale, et l'on ne rougirait plus de comprendre les mysteres de Cérès.

Pourquoi, en Angleterre, le parlement n'achète

t-il ou n'afferme-t-il pas un bien de campagne, et ne le fait il pas administrer sous l'inspection de la société établie pour l'amélioration de l'agriculture ? Les dépenses seraient une bagatelle ; l'établissement lui-même serait non - seulement utile , mais aussi du plus grand intérêt. Il garantirait à une portion nombreuse des habitans de Londres, les plus précieux pour l'Etat , une source inépuisable de plaisirs purs et raisonnables.

Jadis les hommes d'Etat avaient coutume de regarder les plaisirs du public comme un objet de la plus haute importance, et ils cherchaient en même tems à employer les divertissemens publics comme des moyens de former le caractere national.

Fin du cinquième Memoire.

TABLE DES MATIERES DU N°. 5.

AVIS

LE courageux philantrope Howard est un des hommes dont les vertus honorent le plus l'humanité, il est un de ceux qui a le mieux aimé et le mieux servi ses semblables. On ne peut le suivre sans attendrissement dans les prisons, dans les hospices, dans ces dépôts de toutes les miseres humaines; mais on ne connaît pas en France tout ce qu'il a fait de bien, on n'a pas traduit son ouvrage sur les *Lazarets*, ouvrage devenu d'un si grand et si pressant intérêt aujourd'hui. Le ministre de l'intérieur vient d'en ordonner la traduction, et la publication; cet ouvrage paraîtra par numéros, et fera partie du présent recueil. On aura soin de distribuer les numéros de maniere qu'on puisse les réunir et en faire une collection, comme on peut en faire une des écrits de Rumford, et de ceux du même genre qui forment un ensemble.

Le ministre a pris des mesures pour recueillir tout ce qui a été publié dans les diverses langues de l'Europe, sur les éta-

blissemens d'humanité, il fera paraître tout
ce qu'il pourra se procurer ; on invite les
philantropes de toutes les nations, à con-
courir à l'exécution d'un travail qui tend
à améliorer le sort des hommes. Le bien
qu'on leur fait porte avec lui sa récompense;
qui pourrait y être insensible ?

Quand des gouvernemens trompés sur
leurs véritables intérêts repoussent et persé-
cutent les hommes dont le zele et les
lumieres leur ont été si utiles, quand tant
de philantropes sont réduits à rêver le
bien, c'est au gouvernement français à
réaliser ces pensées bienfaisantes; tous les
bons citoyens le seconderont sans doute.
Ainsi sont grands les vrais bienfaiteurs de
l'humanité, qui s'occupent à adoucir les
maux de leurs freres; ainsi seront à jamais
honorés les Penn, les Kliogo, les Fleuriot,
les Howard, les Lagaraye, les Vincent
de Paule, les Breckenoff, noms vénéra-
bles que nul homme sensible, ne prononce
qu'avec une religieuse reconnaissance.

« Quique suî memores alios fecere merendo ».
Virg. Æn. lib. 6.

RECUEIL

DE MÉMOIRES

SUR

LES ÉTABLISSEMENS

D'HUMANITÉ.

TABLEAU

Des Poids et Mesures étrangers dont il est question dans ce Recueil, et leur rapport avec les poids et mesures de France anciens et nouveaux ; avec le poids en grammes d'eau distillée des mesures de capacité de plusieurs nations.

NOMS DES PAYS.	NOMS DES MESURES.	LEUR RAPPORT AVEC la pinte de Paris.	LEUR RAPPORT AVEC le litre ou poids en gramme.	Poids d'eau distillée à 12 deg. 5 du thermomètre centigrade.	OBSERVATIONS.
Amsterdam. . .	Mengelen = 2 pintes.	1,269	1,206	1,203	
	Viertel.	7,612	7,240	»	
	Gallon ordinaire. . .	4,000	3,805	3,799	
	Idem à bierre. . .	4,858	4,621	4,613	
Angleterre. . .	Chaldron = 4 quarter.	7,512	11,424	»	
	Quarter ou jeam = 2 carnok. . .	1,878	2,856	»	Ce n'est pas une mesure légale ou commerciale, mais une mesure populaire ; en France on se sert du mot de picotin ; pour désigner la corbeille dans laquelle on donne l'avoine aux chevaux, et qui équivaut à ¼ de boisseau.
	Peck ou picotin.	. . . .	. . . .	. . . .	
Berlin.	Mass.	1,207	1,147	1,145	
Bohême. . . .	Pinte.	2,006	1,908	1,905	
Constantinople. .	Alm.	18,040	17,161	17,132	
Danemarck. . .	Kande.	2,028	1,929	1,926	
Dantzich. . . .	Stoffe pour le vin.	1,850	1,759	1,756	
Écosse. . . .	Pinte.	1,807	1,723	1,720	
Espagne. . . .	Arrobe.	16,790	15,970	15,942	
France. . . .	Litre.	10,513	1,000	0,998	
Francfort. . . .	Maass.	1,958	1,862	1,859	
Gênes. . . .	Pinte.	1,838	1,748	1,745	
Geneve. . . .	Pot.	10,148	0,905	0,963	
Hambourg. . .	Kanne.	1,901	1,809	1,807	
Konigsberg. . .	Quart ou maass.	1,226	1,166	1,164	
Lisbonne. . . .	Pote ou alquier.	8,791	8,361	8,347	
Moravie. . . .	Maass.	11,235	1,069	1,067	
Osnabruck. . .	Kunnen ou maass.	1,306	1,242	1,240	
Paris.	Pinte.	1,000	0,951	0,949 (1)	(1) Après vérification faite sur l'étalon, la commission des poids et mesures a reconnu que la pinte de Paris qu'on avait toujours cru de 48 pp. cubes, n'est que de 46, 95, dès-lors le rapport avec le litre serait de 0,930, et en poids d'eau, 0,926, c'est d'après ce principe qu'il faudrait réformer les autres proportions. (*Note du cit. Coquebert.*)
Pétersbourg. . .	Osmonchka.	1,618	1,529	1,527	
Ratisbonne. . .	Kopfe.	1,374	1,307	1,305	
Rome.	Bocalie.	1,992	1,895	1,892	
Suède.	Kanne.	2,750	2,573	2,569	
Turin.	Brenta.	51,730	48,805	48,711	
Venise. . . .	Enghistara.	06,574	0,625	0,624	(2) D'après l'étalon déposé au bureau des poids et mesures, et reçu de Milan. (*C. Coquebert.*)
Vienne. . . .	Maass. (2)	1,493	1,423	1,420	*Idem.*
	Loth.	»	»	»	⅛ du maass.
Ce tableau est du aux cc. Hassenfratz et Coquebert. On le complettera successivement.	Clafter de bois.	. . . .	. . . .	. . . .	Pese en Baviere 3961 liv.
	Strone de viande. . . .	. . . .	. . . .	. . . .	Pese 8 liv.
	(3) Yard ou verge = 3 pouces anglais.	0,770 aun.	0,915 mèt.	. . . .	(3) Mesure de longueur.

TABLEAU

DES MONNAIES ÉTRANGERES,

Et leur rapport avec celles de France, anciennes et nouvelles.

NOMS DES PAYS.	NOMS DES MONNAIES.	LEUR RAPPORT AVEC les anciennes.			les nouvelles.	OBSERVATIONS.
		liv.	sols.	den.	fr. d. c. m.	
Angleterre. . .	Livre sterling = 20 schellings. . .	24	17	8	24,883	Ce tableau a été formé sur ceux du nouveau Barême de Blavier, et ceux de la Métrologie terrestre de Pouchet.
	Schelling = 12 deniers sterling. . .	1	4	10	1,242	
	Denier sterling = 8 farthings. . .	»	2	1	0,104	
	Guinée = 21 schellings.	24	18	8	24,933	
	Penny.	»	2	»	0,100	
	Farthing. . . . . r . . .	»	»	6	0,025	
Autriche. . . .	Florin-goulden = 60 kreutzers. . .	2	12	10	2,600	
	Kreutzer = 4 pennings.	»	»	10	0,043	
	Rixdalle courante.	3	18	»	3,900	
	Rixdalle ordinaire = 2 florins. . .	5	5	8	5,250	
Berlin.	Rixdalle = 24 bon gros.	3	14	7	3,729	
	Bon gros = 12 pennings.	»	3	1	0,153	
Munich. . . .	Florin = 60 kreutzers. . . .	2	4	11	2,246	
	Batz = 4 kreutzers.	»	3	»	0,150	
	Rixdaller courant = 1 florin ½. . .	3	7	6	3,375	
	Ecu de convention.	5	3	7	5,179	
Bâle.	La livre = 20 sous = 240 deniers.	1	12	4	1,617	
	Batz.	»	3	2	0,158	
	Ecu ou Rixdalle.	4	17	1	4,850	
Hambourg. . .	Marc lub (1). . . . . , . . .	1	10	6	1,525	(1) Ceci s'entend de la valeur intrinseque, le marc lub. de banque vaut 2 5 p. ⅔ de plus.
	Sol ou schelling.	»	1	11	0,096	
	Livre de gros = 10 sous de gros. .	11	8	9	11,437	
	Sol de gros = 12 deniers de gros. .	»	11	5	0,571	
	Denier de gros.	»	1	»	0,050	
	Rixdalle ou écu = 10 escalings. . .	5	15	5	5,771	
Amsterdam. . .	Florins courant = 20 sols com. . .	2	1	10	2,092	
	Sol ou stuyver = 16 pennings. . .	»	2	1	0,104	
	Rixdalle.	5	4	7	5,229	
Utrecht. . . .	Daalder.	3	2	3	3,112	

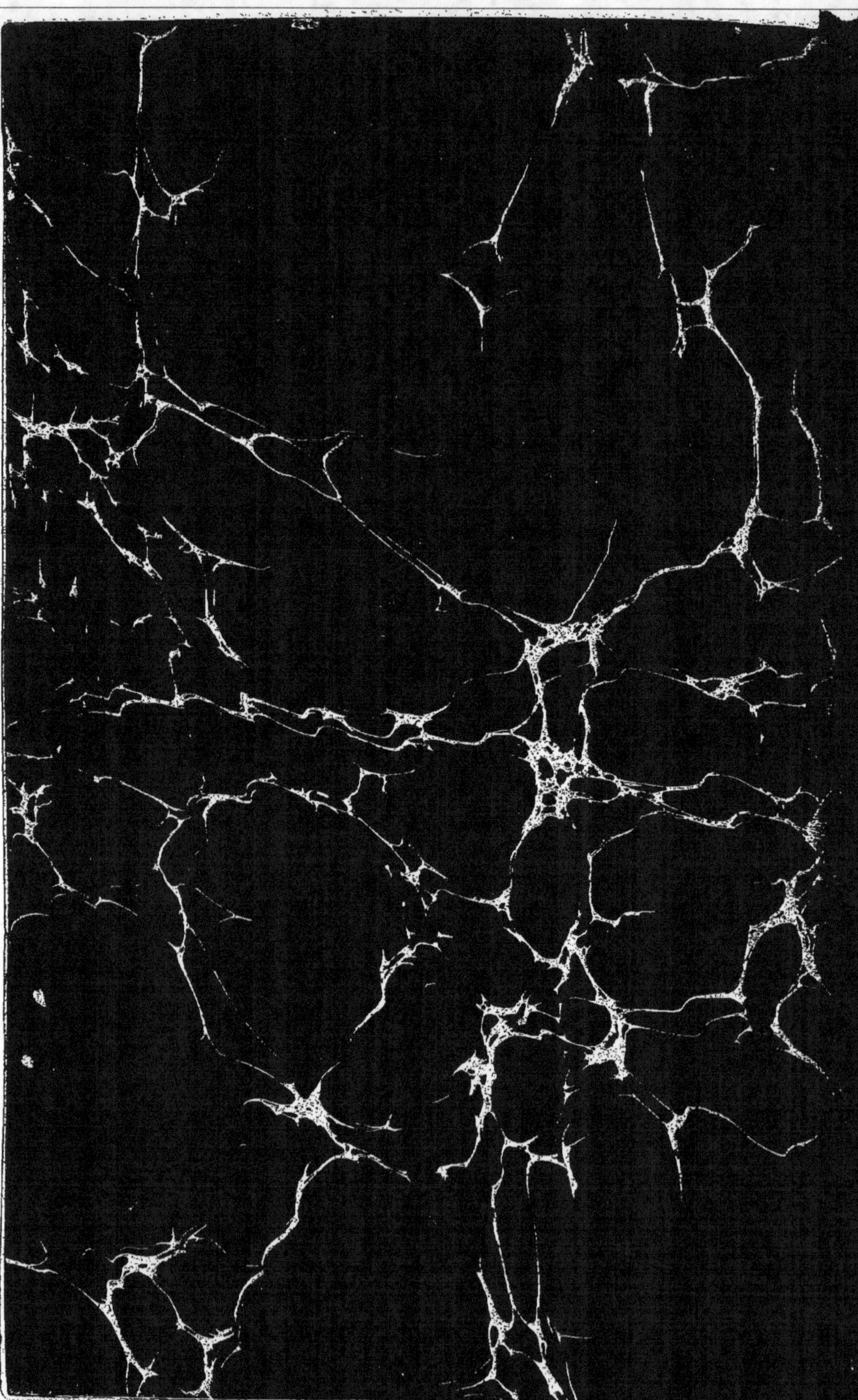

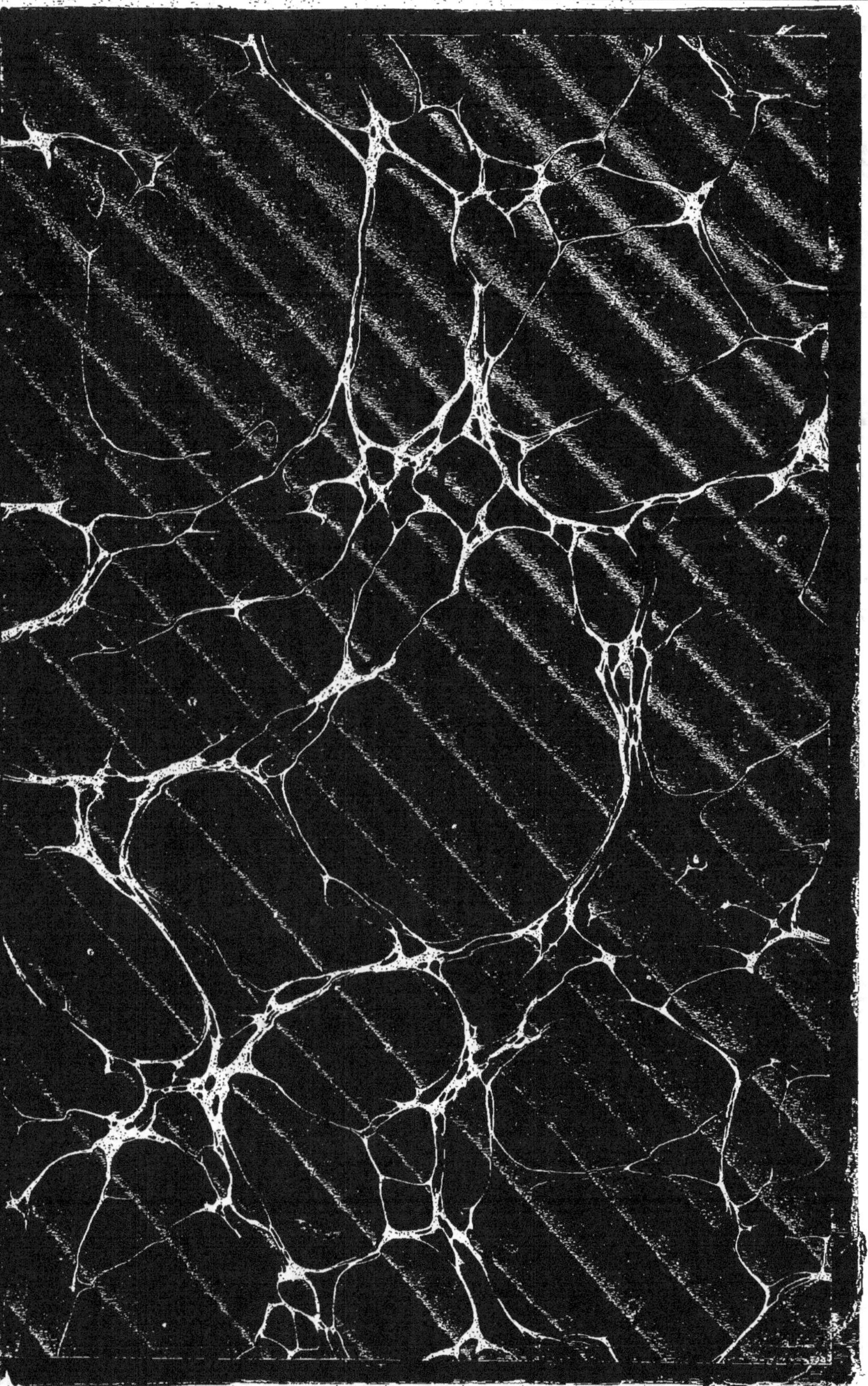

BIBLIOTHEQUE NATIONALE DE FRANCE
3 7511 00033676 1

RECUEIL
DE MÉMOIRES
SUR LES
ÉTABLISSEMENS
D'HUMANITÉ
DU QUESNOY

I

ESSAIS
DE
THÉORIE

PETIT